René Sommer   Ultramarin und Rosmarin

AF201068

Zuletzt erschienen (edition jeu-littéraire):

Das Popcorn und die Vögel. Kurzgeschichten. ISBN: 978-3-7448-6475-6

Woanderswoher. Roman. ISBN: 978-3-7460-8082-6

Das Mädchen mit rotem Hut. Kurzgeschichten. ISBN: 978-3-7528-1413-2

Play Huch. Gedichte. ISBN: 978-3-7528-2037-9

Das avocadogrüne Känguru. Kurzgeschichten. ISBN: 978-3-7481-3002-4

Alldadarin. Roman. ISBN: 978-3-7481-5764-9

Der Wal heißt Beethoven. Kurzgeschichten. ISBN: 978-3-7494-4962-0

Eine Frage der Libelle. Gedichte. ISBN: 978-3-7412-9958-2

Der schlafende Löwe. Kurzgeschichten. ISBN: 978-3-7504-0301-7

Trotzdas. Roman. ISBN: 978-3-7504-3790-6

Das Sofa beim Waldstein. Kurzgeschichten. ISBN: 978-3-7519-0507-7

René Sommer

Ultramarin und Rosmarin

Gedichte

Bibliografische Information der Deutschen National-bibliothek:
Die Deutsche Nationalbibliothek verzeichnet diese Publikation in der Deutschen Nationalbibliografie; detaillierte bibliografische Daten sind im Internet über http://dnb.dnb.de abrufbar.

Editor Factory: ib-lyric (edition jeu-littéraire 3/3)
Author Photo: Erika Koller
Cover Image: Itta Beaux

Herstellung und Verlag:
BoD – Books on Demand, Norderstedt

ISBN: 978-3-7504-9989-8

Inhalt

Die Musik kommt an

Den Wegesrand säumen Disteln
mit kugeligen Blütenköpfen.
Durch die Wipfel der Lindenallee
wispert der Wind.
Eine Krähe gleitet über den Hang.
Ihre Flügel schimmern so samtig schwarz,
dass sie das Licht verschlucken.
Die Grille zirpt.
Zart weht eine Fahne.

In einem leeren Schwimmbecken
baut die hermelinweiße Katze
ihr rußschwarzes Fahrrad
zum Spinnrad um,
spinnt Stroh zu Gold und hängt
ein Wahlplakat an die Laterne.

Eine Frau in flamingoroter
Flugbegleiteruniform fragt Huch.
- Wie überquert man eine Straße?
- Ich würde eine Telefonkabine nehmen,
rät Huch.
Nach langem Warten fliegt eine heran,
zieht eine Landeschleife.
Von ihrem Gehäuse hängen
Schreibtisch, Stuhl und Orgelpfeifen.
Noten purzeln aus dem Gitarrenkoffer.

Der paprikarote Chip

Bergauf durch ein altes Birkengehölz
schwirren Vögel und Schmetterlinge
um Blumen und Bäume.
Wolkenschatten treiben über die Ebene.
Der Weg verliert sich unter baumhohem Farn.
Eine steife Brise pfeift
um die knorrige Eiche.
Ein Reiher startet mit schwerem Flügelschlag.

Huch kritzelt einen Baum aufs Papier.
Schachschwarze, glänzende Buchstaben
plätschern vom Metalldach
eines rosenumrankten Brunnens
aufs Papier, wachsen an den Zweigen,
verwandeln sich in Kopfhörer.
Der Baum ruft.
- Schüttle mich! Schüttle mich!
Wir Kopfhörer sind alle miteinander reif.

Huch schüttelt die Kopfhörer vom Baum,
setzt einen auf. Die Stimme sagt.
- Hör dir die Frage an
und gib mir schnell die Antwort.
Hast du einen roten Farbstift, ja oder nein?
Huch sagt ja.
- Gut, sagt die Stimme, dann zeichne
einen paprikaroten Chip an die Wand.

Der Einbaum

Baumriesen säumen den Fluss.
Knorrige Wurzeln umklammern
den moosigen Felsen. Sein Glanz
schimmert zwischen Mattgrün und Erzschwarz.
Sonnenflecken tanzen am Ufer.
Durchs Dickicht führt ein kleiner Pfad.
Auf der Holzplanke sonnt sich
die Eidechse.

Eine knallgrün leuchtende Wurlitzer-Jukebox
fliegt im offenen Maul des Wals vorbei,
spielt den Song „Der Zauberer" von Mozart.
In einem Buch mit ausgerissenen Seiten
erscheint die Märchenprinzessin.
Ein Bäcker mit mehlweißen Handschuhen
wickelt einen winzigen Kuchen
in handgeschöpftes Papier.
Der Wolkenmensch sieht
den Sonnenstrahlen zu,
wandert zur karibikblauen Horizontlinie
und wird von Wellen perlweißer Farbe erfasst.

Huch sitzt in einem wackligen Einbaum,
paddelt mit der Strömung,
landet in der geschützten Bucht.
Ein Schild sagt.
- Danke für langsames Paddeln.

Das Herz denkt anders

Seerosen duften intensiv.
Die wolkenweißen Blüten spiegeln
sich auf der stillen Oberfläche.
Durch einen wispernden Espenwald
führt der Weg.
Stamm an Stamm reihen sich die Bäume.
Nur wenige Strahlen dringen
durch die Blätter.

Huch sieht Plastikbänder
an einem Baumriesen.
Darauf steht die Frage.
- Was machst du heute Abend?
Ein Spaziergangsforscher übermalt
Wände und Möbel
mit warmer, grünbrauner Farbe
als wollte er das ganze Haus
in eine Eiche verzaubern.
Der Türknauf verwandelt sich in ein Gesicht,
bewegt die Lippen, lernt sprechen.

Huch begegnet einer Frau,
die Glückskekssprüche dichtet.
- Es ist sehr aufregend.
Du beißt ins Herz der Sprache.
Es schließt sich auf und sagt.
- Ich denke anders.

Der Brief im Wasser

Tief eingeschnitten ist das Tal.
Die Auwiese schimmert libellengrün.
Ein schmaler, erdiger Pfad
wächst in die Landschaft ein.
Bäume stehen am Wasser.
Vorbeifährt ein rot-orangefarbenes Taxi.
Es folgt ein grün-ockerfarbenes Taxi.
Hinter einem Busch versteckt sich
eine currygelbe Bank mit der Aufschrift.
- Hier sitzt niemand.

Durch die Sanduhr rieseln ein Kühlschrank,
ein Sitz, eine Discokugel und ein Schlagzeug.
Huch nagelt Schaum an die Decke,
spielt Rachmaninoffs Elefantenkonzert,
meißelt aus einem Steinbrocken Beine,
Hände und Körper heraus,
zum Schluss das Gesicht,
schaut, wie der Mensch zum Sandkorn wird.

Bunte Umschläge glitzern
unter Wasser im Sonnenlicht.
Mit hochgekrempelten Hosenbeinen tritt Huch
vorsichtig in den See,
fischt einen Umschlag heraus
und liest den Satz.
- Vergiss bitte nicht, diesen Brief abzuschicken.

Die Unmöglichkeit

Bäume bilden
einen verwunschenen Märchenwald.
Die Sonne fällt auf die Blätter,
als hätte ein Renaissance-Maler
Lichtpunkte gesetzt,
die grünlich schillern.
Bis hoch über die Wipfel hinaus
rauscht der Fluss.
Der Flügel einer Krähe ist so samtig schwarz,
dass er das Licht verschluckt.
Fahnenstangen mit rot-weißen Tüchern
säumen die Straße.

Auf den Shirts der Menschen,
die Huch entgegenkommen, steht.
- Wir spielen alle zusammen.
Huch schneidet Teile aus einem Quadrat
und fügt sie wieder zu einem Quadrat zusammen,
stellt sich die Frage.
- Können Roboter erzählen?

Ein Haufen von Spitzenschuhen
liegt am Rand des Tanzbodens,
bewegt sich, beginnt zu tanzen.
Ein Steg ist mit „Die Unmöglichkeit" beschriftet.
Darüber balanciert ein Meerschweinchen, sagt.
- Jeder kann Kunst über alles machen.

Vergessene Melodie

Ein mächtiger Wasserfall stürzt
im Kessel einer waldgrünen Bergflanke herab.
Der See glänzt in der Sonne.
Das türkise Wasser leuchtet.
Ein Kalkstein sieht wie ein riesiger Pilz aus.
Der Hagebuttenstrauch wächst am Ufer
im zerklüfteten Felsen.
Vögel tschilpen.

Auf einer kleinen, an einem Roboterarm
befestigten Bühne steht ein Mann.
Er kann gackern wie ein richtiges Huhn.
- Ich weiß viel über Tiere.
Im Wald fragt ihn eine Frau,
halb Mensch, halb Baum.
- Spielst du Klavier?

In der einsamen Bucht mit Sandstrand
findet Huch einen Steinway.
Ein Einkaufswagen in Form einer Kaffeetasse
steigt über den perlenden Tönen auf.
Huch ruft Notenköpfe ins Leben,
denkt nach, wie ihr Leben als Toaster,
als T-Shirt oder als Dose aussehen würde.
Ein Männchen mit einem Trichter auf dem Kopf
verkleidet sich als Ratte und ruft.
- Ich kann mich nicht an die Melodie erinnern.

Die Ameise im Anzug

Der Pfad windet sich geheimnisvoll,
führt durch sperrige Felsbrocken
zu einem Aussichtspunkt.
Von Baumwipfeln umgeben,
schaut Huch über den Wald,
einen gekräuselten, maigrünen Ozean.
Bimmelnde Kühe grasen an der Talflanke.
Wie Stoff von einem riesigen Ballen
rollt sich die Landschaft zum Horizont aus.
Mit geschlossenen Augen
setzt sich Huch ins Moos.

Der See raunt.
Allgegenwärtig summt der Wind
seine Melodie, weitet die Zeit,
lässt Huch in jede einzelne Note
hineinschlüpfen.
Er steht in einer Wolke,
aus Tausenden von Wasserfäden gesponnen.
Die Gespinste hüllen ihn ein,
machen ihn schwerlos.

Auf einem werbetafelhohen Schild
mit Holzdach steht der Satz.
- Hier passiert alles.
Eine Ameise zieht einen Anzug an, sagt.
- Stimmt.

14

Was passiert im Kinderbuch

Ein Wasserfall stürzt sich von einem Felsen
in den See.
Wellen rollen in den vanilleweißen Pulversand.
Türkisblau schimmert das Wasser.
Buchenwipfel neigen vornüber.
Holundersträucher wiegen die buschigen Köpfe.
Die Blätter rascheln.
Am Himmel kreist ein Milan
mit weiten Schwingen.

Huch singt ein Lied zu den Klängen
der Gitarre, die sich in Luft auflöst.
In blütenweißer Schrift steht
auf kaminschwarzer Wand.
- Bekleben verboten.
Huch überklebt sie mit Quadraten
aus Spiegelfolie.
Eine rosa Häsin mit Riesenschlappohren
verteilt stapelweise
seerosenweiße Teller im Park.

Huch taucht in einem Kinderbuch auf.
Er ist ein Strichmännchen mit Hut
unter Bäumen.
Darüber steht in bunten Buchstaben.
- Es kann jedem passieren,
Huch zu sein.

Der kleinste Regenschirm

Am Strand mit kristallklarem Wasser
überwuchert Moos die Föhren und Eichen
wie Faserhaar.
Der See ist spiegelblank, azurn.
Über Serpentinen steigt der Weg.
Die Wolke streift den Berg.
Blumen blühen, streuen grelllila,
augenblaue, samtrote, saturngelbe Farbtupfer
in die sattgrüne Wiese.

Huch wechselt vom Sofa zur Hängematte,
versucht, sich klar darüber zu werden,
was er im Leben wirklich will.
Eine rostige Tafel wünscht.
- Bitte verputzt die Wand nicht mit Plakaten.
Huch klebt ein übergroßes Plakat an,
zeichnet eine Biene,
schreibt die Frage.
- Liebst du die Musik von Mozart?

Kleine, froschgrüne Männchen
von einem anderen Planeten landen
auf der Erde, sagen zu Huch.
- Die Schönheit des Sees
kann nicht in Worten ausgedrückt werden.
Sie suchen den kleinsten Regenschirm
der Welt.

Die Brücke auf der Postkarte

Durch die weite dschungelgrüne Berglandschaft
folgt ein Weg dem Fluss.
Der Wald versperrt die Sicht.
Über terrassenförmige Felsbecken
rauscht der Wasserfall.
Bienen umsurren floridablaue Blüten.
Üppige Pflanzen wuchern,
hängen tief herab.
Huch sucht einen singenden Busch,
spricht zu den Felswänden,
lauscht dem Echo nach,
das sich im plätschernden Fluss verliert.

Ein Schild mit der Aufschrift „Huch"
steht am Wegesrand.
Darunter liegt ein leeres Buch.
Huch füllt die erste Seite
mit riesigen Großbuchstaben, schreibt.
- Es ist schade,
dass die Kleinbuchstaben fehlen.

Eine Holzbrücke führt über den Fluss.
Darauf packt ein Mann sein Sofa
in Plastikfolie ein.
- Wenn es regnet, wird es nicht nass.
Er fragt Huch.
- Möchtest du eine Postkarte kaufen?

Der weiß malende Pudel

Um die Insel mit dem buchengrünen Berg
schwebt das Boot
über das klare und türkisfarbene Wasser.
Ein Wasserfall rauscht in die geschützte Bucht.
Der schottrige Waldweg
verjüngt sich zu einem Pfad.
Nur Vogelgezwitscher ist zu hören.
Der bemooste Waldboden dämpft die Schritte.
Herumliegenden Ästen, Tannzapfen
und Wurzeln weicht Huch aus.

Ein Mann drückt ihm
einen Prospekt in die Hand.
- Du möchtest unbedingt
ein neues Auto kaufen.
Huch staunt.
- Wie kannst du so etwas von mir denken?
Der Mann nimmt den Prospekt zurück.
- Du könntest wenigstens danke sagen.

Eine Frau, in ein helles Kleid gehüllt,
kommt mit Malerrolle und Farbeimer.
- Kannst du die schattenschwarze Wand
kalkweiß übermalen?
Ein kornblumenblauer Pudel landet
mit seinem fliegenden Bett,
überzieht die Wand mit Farbe.

Die Pinocchio-Einstellung

Skulpturen aus Wolken fliegen am Himmel.
Im Dunst verschwindet der Bergrücken.
Durch den verwunschenen Wald
steigt der Weg sanft auf und ab.
Der glitzernde Bach schlängelt
sich durch die Senke.
Aus dem Sand ragt
ein korallenroter Felsblock.
Durch ein lichtgrünes Wimmelbild
aus Blättern, Flechten, Moos wandert Huch.

Auf einem Schild steht.
- Sie betreten das Ende der Welt.
Werden Sie nicht grün hinter den Ohren.
Eine Frau mit einer gestärkten Schürze
und einem Häubchen im Haar
verziert einen Kuchen wild mit Zuckerguss.
Mal kehlig röchelnd, mal brummelnd
spielt ein Mann mit knallroter Clownsnase
Klarinette dazu.

Ein Werbeplakat fragt Huch.
- Wie viel Seife braucht die Seife?
Pinocchio näht einen Walfisch aufs T-Shirt,
trifft auf einen Gorilla aus Holz,
der sich für Pinocchio hält, und sagt.
- Das ist die richtige Einstellung.

Die Bibliotheksmaus landet

Ein Pfad windet sich durchs Dickicht.
Aus dem moosüberwucherten Wald
ragt ein Baumstamm übers Ufer.
Dahinter verliert sich der lange Strand.
Der pudrige Sand umweht den Asphalt
der Landstraße, schmiegt sich wie Samt
unter die Zehen.

Geigen horchen am Straßenrand,
spielen zufällig erhaschte Töne
fürs Auto ohne Fahrer,
das in eine riesige brennende Kerze rollt.
Huch kritzelt mit Bleistift eine Schrift,
die gar nicht erst zu Worten wird,
sondern gleich zu Wellen.

Die Bibliotheksmaus trägt
einen gut geschnittenen Anzug
und liest ein Gedicht.
In ihrem Traum verziert sie ein Motorrad
mit einer Federboa,
befreit sich von der Schwerkraft,
kann fliegen und landet als Giraffe
auf einer backpulverweißen Sandbank
ohne Fußabdruck und sagt.
- Ich habe meine Handschuhe
verkehrt angezogen.

Blumen und Bienen

Wie Tüll hängt Nebel über dem Wald.
Baumkronen schälen sich aus dem Dunst.
Ins Felsenbecken, das Farn umwuchert,
stürzt der Wasserfall.
Die Sonne erfüllt die Schlucht mit weichem Licht.
Ein Regenbogen spannt sich.
Unter dem dichten Blätterdach
duftet feuchtes Moos.

Huch studiert das Muster in einer Fassade,
die der Efeu überwuchert hat,
sieht Noten für ein Jazzstück,
von Sprüngen komponiert.
Ein steinerner Löwe läuft
hinter einem hochgehaltenen Schild her.
Darauf steht.
- Ich habe das Gefühl, dass in naher Zukunft
die Menschen die Erde retten.

Mit Kreide malt Huch
ein Strichmännchen auf den Boden.
Es rennt davon und ruft.
- Wir spielen Fangen. Machst du mit?
Auf einer neonblauen Wand
laufen sonnengelbe Buchstaben ein,
bilden den Satz.
- Es gibt Blumen und Bienen.

Um ein Haar

Durch einen Tunnel aus dichtem Eichengrün
führt die Landstraße ins gleißende Licht.
Den Eingang zur Altstadt bewacht ein Turm.
Um die verschachtelten Häuser
winden und winkeln sich Gassen,
führen bergauf, bergab.
Aus Fenstern in den Mauern
und von den Terrassen herab
schwebt eisweißer feiner Marmorstaub,
legt sich auf die Straße.

Ein Mann mit einem Geweih auf dem Kopf
befreit sich aus einem Berg
von Gummischläuchen.
Eine Treppe führt steil in die Höhe
und ins Leere, wovor ein Spiegel steht.
Eine außerirdische Frau malt
mit kirschrotem Lippenstift
einen Smiley aufs Glas.

Sie tauscht mit Huch Zettel aus.
- Gibt es Erdbeeren auf der Erde?
schreibt sie.
- Ja, es gibt, schreibt Huch zurück.
Eine Zeitungsseite liegt auf dem Boden.
Die Schlagzeile lautet.
- Um ein Haar.

Die Giraffe tröstet

Eingefasst vom strahlenden Blau
spiegelt sich der Berg
im glasklaren Wasser des Sees.
Vom Felsen rieselt ein Bach.
Die Kuh steht mitten in der Uferstraße.
In betörendem Grün explodiert der Wald.
Durch einen engen Tunnel
aus Buchen, Farn und Brombeeren
schrumpft der Weg zum Trampelpfad.

Huch schreibt eine Postkarte.
- Mir wird klar, dass ich mich auf dem Weg
zum Briefkasten befinde.
Nach wenigen Metern verlieren sich
die Wegweiser im Wald.
Huch läuft an der Südkante
des Bergs entlang.
Ein Riese steht auf einer Bohnenstange,
blickt auf Huch herab.
- Nimm die Orangen aus dem Kühlschrank.

Auf einer Lichtung im Teich
liegt der Eiskasten auf riesigen Blättern,
verwandelt sich in eine Seerose.
Eine lilienweiße Giraffe beugt sich herab.
- Wenn meine Vorfahren das sehen könnten,
würden sie die Welt nicht mehr erkennen.

Genug für heute

Immer weiter schlängelt sich der Weg
in den Wald, begrenzt von Sträuchern.
Das Licht verleiht jeder Blume,
jeder Amsel auf dem Zweig
getupfte Regenbogenfarben.
Über den weichen, graugrünen Moosteppich
und leuchtende Blüten spannt der Baum
seine silbernen, filigranen Äste.

Huch findet neben einer kobaltblauen Zierkugel
eine alte Schreibmaschine,
eine Keystone, auf der er Texte schreibt.
Die Buchstaben bewegen sich
aus dem Blatt heraus,
begleiten ihn den Pfad entlang.
Er hört das Knirschen der Kieselsteine.

In einer Badewanne saugt der Abfluss
Gummitiere ein.
Huch nimmt sie raus. Sie sagen.
- Danke! Du hast uns das Leben gerettet.
In einem Steinbruch stapeln sich
kaputte Klaviere. Eine Silbertrompete
kugelt auf dem Boden herum.
Ein Einhorn schwimmt
durch einen Teich und sagt.
- Das ist genug für heute.

Das erste Eichhörnchen

Vom sandigen Ufer gleitet der Blick
über den Kalkstein.
Steile Felsen umschließen den Strand
von beiden Seiten.
Zur Spitze der Landzunge führt
ein schwindelerregender Pfad.
Spinnweben überziehen
eine verwachsene Lärche.

Huch bestaunt den Waldboden,
den mächtigen Baumstamm,
atmet den Duft der Blätter,
schreibt ein Wunschzettelchen.
- Ich möchte nur etwas ausruhen.
Er hängt es an den Zweig
eines Wunschbaums,
hebt vom Boden ab,
schwebt schaukelnd in die Höhe,
an den zarten Blättern und Trieben
des Baums vorbei,
schwebt über dem Wipfel.

Aus einem riesenhaften Vogelnest
steigt ein Blumenmädchen
mit einem kleinen Korb voll Blumen, sagt.
- Ich habe zum ersten Mal
ein Eichhörnchen gesehen.

Der Krümelzähler

Durch die Bäume brechen Strahlen,
malen Schatten auf den Boden.
In einer sonnengesprenkelten Nische
wuchern laubgrüne Büsche.
Aus dem unwegsamen Gelände ragt
ein markanter Fels.
Brombeeren wuchern über wilde Apfelbäume.
Von weitem ist das Blöken der Schafe zu hören.

Huch trägt einen fliegenpilzroten Stuhl
durch die Gegend,
setzt sich vor eine riesige Leuchtschrift
mit den Worten.
- Siehst du mich?
Er kraxelt den Felsen hinauf.
- Eine Rose duftet,
steht auf einem Schild.

Erwartet wird die Ankunft eines Außerirdischen.
Er trudelt mit dem Fallschirm ein,
trägt mondweiße Cowboystiefel
und einen Hut auf dem Kopf.
- Dies ist der schönste Planet,
auf dem ich je gelandet bin.
Er hört den Atem eines schlafenden Riesen,
geht in die Bäckerei,
zählt jeden Krümel einzeln.

Der Saurier öffnet das Tor

Quellwasserblau schlängelt sich der See
durch die Landschaft.
Von Aquamarin, Stahl- und Königsblau
bis zu Türkistönen schimmern die Farben.
Am Ufer verwischt der Wald
zu einem dunkelgrünen Saum,
aus dem nur ab und an
kreideweiße Felsen ragen.
Ein Vogelschatten flieht.

Huch kann fliegen,
bis unter die Zimmerdecke,
öffnet das Fenster,
gleitet über die stählerne Eisenbahnbrücke,
die über den Fluss führt.
Eine Frau webt einen samtroten Teppich
für Huch, sagt.
- Ich dachte, du würdest schlafen.
Ein kleines Glastier hüpft darüber.
- Ich wünschte, ich könnte so gut weben.

Ein pechschwarzes gusseisernes Tor
trägt eine große Inschrift.
- Es ist besser, einen Tag zu leben.
Ein Dinosaurier öffnet es einen Spalt.
- Ich bin dir dankbar,
wenn du einen Bick darauf wirfst.

Die Ansicht der Teekanne

Leise knirschen die Schritte im Sand.
Eine Frau fährt
auf einem goldenen Drachenboot vorbei.
Von den Büschen am Ufer
bis zum Felsensaum rauschen die Wellen.
Die Klänge verschmelzen
mit dem Zwitschern der Vögel.
Der Weg verliert sich in der kleinen Bucht,
wo ein Wasserlauf um einen Baumriesen rieselt.
Im Wald öffnet sich das Blätterdach,
gibt den Blick auf die Berge frei.

Ein rostrotes Blechschild
ist an einen Ast gehängt.
- Findest du Eichhörnchen interessant?
Ein Plakat fordert auf.
- Pflücke Brombeeren!
Auf der Straße liegt ein zerknülltes Papier.
Huch hebt es auf, glättet es und liest.
- Wunder kommen vor.

Eine verwandelte Teekanne
rollt auf 4 Rädern, lernt sprechen.
- Du siehst wie ein Molekül
unter dem Mikroskop aus.
Huch spiegelt sich im See.
- Vielleicht hat die Teekanne recht.

Die mechanische Schreibmaschine

Am Wegesrand mümmelt ein Reh
ein paar Gräser ab.
Sonnenstrahlen werfen ihren Schein
auf riesige Wurzeln, Büsche und kleine Höhlen.
Der Pfad unter dem dichten Dach des Waldes
führt zum See, wo schwanenweiße Blüten
der Seerose sich auf der Oberfläche spiegeln.
Glasklares Wasser blinkt am Sandstrand.

Huch wirft einen Ball gegen die Wand.
Sie verschluckt ihn.
Zurück bleibt nicht die geringste Spur,
als wäre er eine Luftspiegelung gewesen.
Huch zupft an einer Saite.
Die Gitarre überzieht ein gestreifter Pelz.
Sie knurrt und wird zum Tiger.
Eine Frau im violetten Bikini
mit Tigermuster sagt.
- Gitarre spielen erleichtert.

Auf einem Stuhl hockt Huch vor einem Tisch
mit einer mechanischen Schreibmaschine,
tippt die Frage.
- Kopf oder Zahl?
Er geht durch den Spiegel, durch einen Schrank,
klappt ein Buch auf, liest den Satz.
- Halte die Tür offen.

Kugeln zählen

Eine große alte Platane steht am Weg,
der dem schmalen Grat folgt.
In die Spalte bei der Wurzel
schlüpft eine Eidechse.
Moos kriecht an den Felsen hoch.
Gras legt einen Teppich auf den Pfad.
Der See blitzt auf.
In seinem Wasser spiegelt sich
das leuchtende Blau des Himmels.

Huch formt aus Lehm Kegel
und stellt sie auf.
Eine Frau läuft vorbei,
wirft die silbernen Armreifen.
Ein Karton auf der Straße enthält Zettel.
Huch schließt die Augen, greift hinein.
- Dieser Zettel ist nicht so interessant
wie der nächste.
Im Park sagt ein Mann,
bevor er mit seinem Stuhl verschmilzt.
- Ich suche einen Namen für meine Katze.

Am Teich liegt der Frosch in der Hängematte.
- Ich bin ohne eigene Meinung.
Soll ich mich in einen Prinzen verwandeln?
Zum Einschlafen zählt er die goldenen Kugeln,
die ins Wasser fallen.

Hinweis auf einen Baum

Über Geröll, in engen Serpentinen
geht der Waldweg bergauf.
Aus großer Höhe ergießt sich der Wasserfall
in ein kleines Becken.
Der Wind wirbelt den feinen Tropfenstaub auf.
Eine löwenzahngelbe Fahne flattert.
Baumstämme modern am Boden,
liegen quer, von Moos bewachsen.

Über mit Bäumen verwachsenen Stühlen
hängt ein selbstgemaltes Plakat.
- Bist du zu müde, um weiter zu gehen?
Huch zieht die Schulter hoch.
- Nein, eigentlich nicht.
 Auf der Suche nach Außerirdischen
trifft er ein Showgirl
von einem anderen Planeten.
Sie zeigt beim Lächeln alle Zähne,
kann jodeln, verwandelt Farbeimer, Tüten,
Flaschen und Plastikbecher in Blumen.

Ein antiquiertes Münztelefon lernt sprechen.
- Ich möchte eine Wurlitzer-Jukebox sein
und ein Lied singen.
Auf einem Hinweisschild am Straßenrand steht.
- Wie wäre die Welt, wenn man
an meiner Stelle einen Baum gesetzt hätte?

Das Tagebuch zerblättert

Kuppelgleich wölbt sich der helle Himmel
über dem Wasser. Am Uferfelsen brechen
die smaragdgrünen Wellen.
Von Capriblau bis Helltürkis
changiert der See.
In Serpentinen schlängelt sich der Weg
vom Strand zum Berg.
Zwischen die Steine der Trockenmauer
huscht eine Eidechse.

Huch schneidet aus einem Plakat
einen Smiley heraus,
kommt an einem Ameisenhügel vorbei,
schaut den Tieren zu,
gelangt in ein Haus voller Türen,
die immer größer werden.
Am Ende befindet sich die Klinke
außer Reichweite, und Huch bräuchte
eine Leiter, um sie zu drücken.

Er findet eine alte Schreibmaschine,
eine Keystone, tippt.
Die Buchstaben trippeln in Schleifschritten
durch den Raum.
In einem zersägten Eigenheim
blättert die Frage aus dem Tagebuch.
- Was ist dein Lieblingstag?

Das Strichmännchen spricht

Schräg nach unten fällt eine Felsplatte ab.
In der einsamen Bucht schimmert
der quarzweiße Sand.
Grünblau funkelt der See in der Sonne.
Kaum mehr als ein Strich am Horizont
zeichnet das gegenüberliegende Ufer.
Die Rinde einer riesigen Platane wirkt versteinert.
Dünne Äste verdichten sich
zum birkengrünen Dach im Wald,
tauchen den Weg ins Dämmerlicht.

Eine Frau blickt in eine Kugel,
sagt Huch die Zukunft voraus.
- Du wirst in der Stadt
vor ein Schreibwarengeschäft kommen.
Auf dem verblichenen Schild über dem Eingang
steht die Frage.
- Gefällt dir die Farbe der Buchstaben?

Huch schaut zu,
wie eine fliegende Untertasse landet.
Eine Frau öffnet die Luke.
- Die Erde ist genau das,
was ich gesucht habe.
Er kratzt mit dem Kohlestift
über das Papier. Das Strichmännchen spricht.
- Ich fühle mich wie in einem Traum.

Das Echo

Den Berg entlang schlängelt sich
der Wanderpfad. Sanft geht es bergauf.
Der Bach gluckert.
Im Schatten alter Eichen sammelt sich
das Wasser im kreisrunden Becken.
Schafe grasen auf saftigem Grün.

Eine Kirche steht
auf dem dicht bewaldeten Berg,
hat einen Turm mit Uhr
und eine Inschrift mit der Frage.
- Schläfst du, wenn du ins Bett gehst?
Im Turm schwebt eine große Glocke.
Huch hängt sein Herz daran,
spürt den eigenen Puls hämmern.
Er betrachtet sich im Spiegel,
schaut zu, wie sich die Augenbrauen
verdoppeln.

In der Blumentapetenwand ist eine Tür.
Huch öffnet sie, rutscht durch den Stängel
in die Wurzel und kommt als Blume
im Grasland aus dem Boden.
Auf dem Felskopf
über den smaragdgrünen Falten des Waldhangs
hängt ein Schild am Geländer.
- Hörst du mich, Echo?

Die Erde kreist

Im glasklaren See spiegelt sich der dunkle Wald.
Das Wasser glitzert unter der Sonne.
Zwischen dem golden gleißenden Sand
zerbröselt der Fels am brombeerblauen Ufer.
Eine zerrupfte Nebelschwade steigt auf.
Gräser und Laubbäume quellen
um die bemooste Tanne auf.
Orangefarben leuchtet die Flechte.

Zwischen Wimpeln und Fähnchen
fordert ein Werbeplakat.
- Beschreibe dein Leben
mit einem einzigen Wort.
- Huch, sagt Huch.

Er findet einen Rahmen und sucht ein Bild.
Ein Stift liegt auf einer Spitzendecke.
Mit wenigen Strichen entsteht eine Figur.
Sie tanzt auf den Zehenspitzen und redet.
- Im leeren Rahmen höre ich
meinen Namen rufen.
Ich bin ein Strichmännchen
und heiße Huch.
Auf einem Podest aus weißen Planken
steht eine Frau, hält eine Rede.
- Bevor du dich versiehst,
umkreist die Erde die Sonne.

Schwebende Silben

Am feinsandigen Strand ist das Wasser warm
wie in einer Badewanne.
Der See schillert in der Bucht,
spiegelt das Gefieder der Bäume.
Hellblau strahlt der Himmel.
Watteleichte Wolken perlen darin.
Ein atemberaubend steiler Serpentinenweg
führt hinauf.

Huch schaut dem Wald beim Werden zu.
Eine Maus raschelt im Laub.
Er schließt die Augen,
fährt über die Buchrücken im Gestell,
kippt ein Buch an, zieht es hervor,
liest die Frage.
- Hast du die falsche Wahl getroffen?
Huch sagt Nein, schiebt das Buch zurück.

Er zieht eine fast unsichtbare
feine Bleistiftlinie, horcht
auf den verhallenden Ton einer Klangschale.
Der Stimmenchor in seinem Kopf setzt ein.
- Du kannst uns auch im Rauschen
des Flusses hören.
Mitten im Wort machen sie die Silben
um einen Sechzehntel länger,
als würden sie schweben.

Jederzeit möglich

Aus den Dunstschleiern taucht
ein Felsvorsprung auf,
glimmt bernsteinorange und dunkelrot-lila
hoch über der blitzendblauen Bucht.
Ein mächtiger Wasserfall stürzt im Kessel
einer samtgrünen Bergflanke herab.
Das Wasser plätschert durch ein ovales Becken.
Im Wald führt Huch
sein fast unsichtbares Leben.

Am Wegesrand liegt ein rostiger Metallreifen.
Nieten halten ihn zusammen.
Eine Frau mit Flöte verwandelt einen Kürbis
in eine goldene Kutsche.
- Ich habe es mehrere Male versucht.
Jetzt ist es gelungen.
Auf einer pinkfarbenen Leuchtreklame steht.
- Ich wusste, dass sie es schafft.

Huch legt eine Figur
aus Steinen in den Sand,
malt ein Grinsegesicht auf ein Plakat,
fährt auf dem farbverschmierten Velo
durch die Stadt, tunkt den Pinsel
in den Farbeimer, malt ein Strichmännchen
auf den Gehsteig. Es sagt.
- Es war möglich, mich zu malen.

Sitzplatz im Maul der Echse

Steile Stufen führen auf den felsigen Berg.
Im leuchtgrünen Gras
steht eine Giraffe mit Geweihkrone
und frisst Baumblätter.
Huch hört die Vögel und Zikaden,
geht durch den gleißend
weißen Tröpfchennebel des Wasserfalls.

Die Straße führt
an einem alten Lagerhaus vorbei.
An einem Müllplatz hängt das Schild.
- Das gehört jetzt mir.
Kirchturmglocken liegen herum.
Ein Flusspferd in Übergröße
hängt Handtücher mit Wäscheklammern
an der Leine auf.

Huch pustet in einen Flaschenhals,
erzeugt den Ton A,
wandert über eine große Werbefläche
mit übereinander geklebten Aktionspreisen
und Reklamebildern, ist plötzlich
auf einer Cornflakes-Schachtel,
fliegt in einer mit Glassteinen besetzten Echse.
Sie hat eine Schaukel unter ihrem Schwanz,
Sitzplätze im Maul und sagt.
- Den Mann, den du hier siehst, heißt Huch.

Ohne Zeitleiste

Beinahe wolkenlos und blitzblau ist der Himmel,
wie frisch gewaschen.
Am feinsandigen Strand,
von blaugrünen Wellen umgeben,
faltet Huch ein Papierboot
und setzt es aufs Wasser.
Eine Frau trägt eine große Kaffeetasse
als Hut, sagt.
- Ich möchte dich kennenlernen.

Er macht einen Spaziergang
auf den Dächern der Stadt
zum schmalsten aller schmalen Häuser,
schlüpft in eine aus Kleidungsstücken
genähte Jurte.
Die Prinzessin wirft eine goldene Kugel
in die Luft und fängt sie wieder auf.
Der Flügelschlag eines Milans
durchbricht die Stille.

Huch liebt die Wörter,
ritzt Buchstaben in den Sand,
verlegt Musik ins Innere jeder Silbe.
Die Giraffe auf der Telefonkarte sagt.
- Mit mir kannst du nach Lust und Laune
ziellos durch die Straßen streifen.
Ich habe keine Zeitleiste.

Huch trifft Jiminy Cricket

Sanft und sehr langsam fällt der Berghang ab.
Auf einmal endet der Pfad.
Im blattgrünen Wald glitzert
der smaragdblaue See.
Am steinweißen Strand legt sich Huch
in den Sand, lauscht den Wellen.
Ein Schmetterling, groß wie sein Ohr,
flattert im schweren Duft der Holunderblüte.

Huch bringt einem Huhn
das Rückwärtslaufen bei,
spielt „Das Lied im Grünen"
von Franz Schubert.
Ins Kellergeschoß seiner Silben
schmuggelt er singende Töne ein,
übersetzt alle Gefühle in Körpersprache.
Das Klavier geht in grasgrünen Rauch auf.

An der Mauer prangt ein Graffito.
Auf dottergelbem Grund steht der Schriftzug.
- Du hast die Zeit in deiner Hand.
Ein Staubkorn aus dem All
landet auf Huchs Finger.
Jiminy Cricket fragt Huch.
- Wer ist der größte Philosoph
des 20. Jahrhunderts?
- Das bist du, sagt Huch.

Orange und Zitrone

Die Luft glitzert, als läge Feenstaub darin.
In einer Sandkuhle zwischen Bäumen
hockt Huch vor Büschen am Strand.
Ein Fels ragt
aus dem schlangengrünen Bergsee.
Ein leichter Wind weht durchs Gras.
Aus einer Orange kriecht eine Tänzerin,
steckt ihm einen Zettel zu.
- Irgendetwas stimmt. Aber was?

Huch versucht vergeblich,
eine Rolltreppe hinaufzusteigen,
die nach unten läuft,
spielt mit einem Würfel.
Er ist überdimensioniert.
Die Augen sind Spielkarten nachgebildet.
Buchstaben tropfen wie Schlieren
an der Scheibe herab.
Papierstücke regnen.

Huch liest einen Streifen auf,
findet die Worte.
- Hast du meine Nachricht bekommen?
Aus dem Obstladen,
der die Form einer Orange hat,
kommt eine Zitrone und sagt.
- Es ist ein bisschen plötzlich.

Die Banane mit Reißverschluss

Der schmale Pfad führt durch den Park
voller Rosmarinsträucher und knorriger Eichen.
Die Wolken sind zu Bergen aufgetürmt.
Huch setzt einen Roboter aus sorgfältig
ausgesägten Holzstücken zusammen,
findet einen Wegwerf-Kaffeebecher
am Wegesrand und trägt ihn ins Kunsthaus.
Ein Schild an der Tür fragt.
- Was passiert da drin?
Eine Frau im silbernen Satinkleid sagt Danke
und stellt den Becher aus.

Huch schreibt die Frage auf ein Stück Papier.
- Warum gibt es die Welt?
Er bemalt die Unterarme
mit chiliroter Farbe,
die Straße mit bunten Streifen,
sieht einen Steinway
in der großen Fläche des Mohnfelds,
drückt eine Taste.
Das Klavier klingt wie ein Cello.

Der falsch geknickte Papierflieger folgt
einem wandernden Baum.
Huch entdeckt eine Banane mit Reißverschluss,
öffnet ihn. Die Banane sagt.
- Ansonsten einfach schälen.

Das Schild ist bereits angebracht

Bei der Halbinsel zwischen See und Lagune
liegt das Wasser still da,
reflektiert den Himmel.
Sein tiefes Blau trifft den Uferwald.
Goldener Dunst durchzieht die Luft.
Unter dem dichten Blätterdach
stellt Huch eine Reihe arktisblauer Reisekoffer
in unterschiedlichen Größen auf.
- Soll ich den kleinsten vorn aufstellen?

Eine Frau im feuerroten Paillettenminikleid
schenkt ihm ein T-Shirt mit dem Aufdruck.
- Das Leben ist ein Strand.
Sie lässt einen goldenen Ball
in den Brunnen fallen, sagt zu Huch.
- Hoffentlich beschleunigt sich
dein Herzschlag nicht, wenn du tauchst.

Im Kampf gegen den Sog der Wörter
hüllt sich er auf dem Waldboden
voller Wurzeln in ein Mandalatuch.
Ein Elefant flattert am Himmel, ruft.
- Vergiss den Stress!
Huch stellt sich vor, er sei der Schmetterling,
der auf seiner Hand sitzt und ihn betrachtet.
Er liest das Schild.
- Ab jetzt ist der Weg einfach zu finden.

Das Riesenspiel

Der Weg windet sich über die Bergkuppe.
Durch die Bäume des perlgrünen Birkenhains
schimmert das glasklare Wasser des Sees.
Die Sonnenstrahlen zeichnen
die Maserung des Brennnesselblatts.
Entlang des Wegs tanzt ein Schmetterling
über Farn und bemoosten Stamm.
Es riecht nach Föhren.

In der Stunde der Sprachlosigkeit
kreisen Wolken um sich selber.
Ein Häufchen Tintenpulver rieselt,
färbt die Stille.
Am Wegesrand wäscht Huch die Kleider
in einer goldenen Schüssel,
legt sie zum Trocknen auf die Büsche,
malt Augen auf ein Steintor.

Eine haushohe Glaskugel sieht
wie eine von Riesen vergessene Murmel aus.
Darin wachsen 2 Palmen.
Huch spannt eine Hängematte auf,
legt sich hinein.
Der Billardtisch ist weit wie ein Fußballfeld.
Die Kugel rollt darüber. Am Rand steht
auf einem mit Reißnägeln befestigten Blatt.
- Auch außerhalb des Waldes gibt es Bäume.

Den Raum erkunden

Wie ein glattgestrichenes Seidentuch
liegt der See vor der schimmernden Felswand.
Beim sandweißen Strand windet sich
eine Glyzine an der steingrauen Fassade
des Hauses hoch.
Der Sonne entgegen hangeln sich
die duftenden Blüten des Geißblatts.

Aus Farben und Kontrasten malt Huch
ein wirbelndes Spiel aufs Bettlaken,
kleidet seine Füße
mit verschiedenfarbigen Socken.
Ein Dosenöffner auf 2 Beinen faulenzt
und überlegt, wie er an den Snack
oder Kaffee kommt. Er sagt.
- Wenn ich 2 Sterne sehe,
ziehe ich sofort eine Linie dazwischen.

Ein Meister fällt vom Himmel,
bleibt unversehrt.
Der Fall bleibt rätselhaft.
Ein Schild macht aufmerksam.
- Es gibt immer irgendeinen Grund.
Der Meister verliert die Grundlosigkeitsangst.
Huch betrachtet das Innenleben
eines Steinway-Flügels,
traktiert es wie ein Percussion-Instrument.

Ist etwas verkehrt

Durch den Wald zieht sich der Flusslauf,
strömt, eingerahmt von Felsen, in den See.
Die heranrollenden Wellen branden
geräuschvoll in den Höhlungen des Bergs.
In der versteckten Bucht ist der Sand fast weiß
und das Wasser so hell und klar,
dass Huch bis auf den Grund sehen kann.
Am Ufer entlang stakst ein Reiher.

Huch baut Klappstühle auf
und wirft sie nacheinander um,
malt ein monochrom moosgrünes Riesenbild.
Von einer alten abgerissenen Plakatwand
hängt ein Fetzen mit dem Satz.
- Der Apfel kann auch eine Kiwi sein.
Huch sprayt eine Graffiti-Schlangenlinie
an den Bauzaun.
Sie verläuft im Zickzack.
An ananasgelben Ballons
hebt er vor eisvogelblauem Himmel ab.

Äste wachsen zu Buchstaben,
bilden den Text.
- Es gäbe mehr Räume für Bäume.
Huch läuft mit dem Kopf nach unten
an der Decke, betrachtet die Welt.
- Ist etwas verkehrt?

Die Zukunft liegt auf der Hand

Links und rechts säumt dichter Wald den Fluss.
Huch lässt sich auf einem Floss hinuntertreiben.
Die Strömung blinkert in der Sonne
und leuchtet in einem Farbenspiel
von Horizontblau bis Jadegrün.
Am Ufer plätschern die Wellen.
Das Floss landet am endlosen Sandstrand.
Eine Wolke reflektiert im Wasser.
Huch zeichnet eine verirrte Nashornherde
in den Staub.
Sie rennt über einen Laufbahn-Boden
und kommt nicht voran.

Ein selbstgemaltes Pappschild
mit einer Telefonnummer hängt an einer Föhre.
Huch tippt die Zahlen ein.
Eine Stimme meldet sich.
- Du wirst gesehen werden.
- Von wem, fragt Huch.
- Ganz wie du willst, sagt sie.

Ein Schild hängt an einem Gerüst.
In unscharfen Buchstaben steht „Huch" darauf.
Eine Frau liest die Zukunft aus der Hand.
- Du bekommst die Chance,
den Kopf zu entrümpeln, und wirst
perfekt für die Nacht vorbereitet sein.

Die Frau aus der Seifenblase

Leise sind die Wellen zu hören.
Vor dem Schilf am Ufersaum
zuckeln Enten, schnattern, schwimmen vorbei.
Der See leuchtet brillantblau.
Felsen und Bäume spiegeln sich.
Ein Regenbogen verwischt über dem Tal.
Schwerfällig steigt ein Schwan auf.
Seine Flügelschläge klingen auf dem Wasser.

Ein silberner Wal fliegt über die Bucht.
Huch findet in seinem Bauch
eine alte Schreibmaschine des Fabrikats
Olympia Monica, tippt den Satz.
- Nichtstun ist äußerst anspruchsvoll.
Eine Teetasse schmilzt zu Keramikbrei,
ergießt sich auf den Tisch,
fließt über den Rand, tropft zu Boden.

Auf eine birkenweiß grundierte Leinwand
malt Huch ein federweißes Strichmännchen.
Es tanzt katzenhaft aus dem Bild, ruft.
- Ich bin ein Träumer, der Zebras sieht.
Aus einer Wolke fällt ein Skateboard.
Es hüpft darauf, fährt weg.
Vom Himmel schwebt eine Seifenblase.
Eine Frau im Veilchenkostüm steigt aus.
- Ich bin zum ersten Mal ganz ich selbst.

Die Straße

Schmaler wird der Pfad.
Das Laub raschelt. Die Äste knacken.
Ein Eichhörnchen springt Huch vor die Füße.
Brombeersträucher wuchern.
Unter dem dichten Wipfeldach
schimmert das Licht diffus efeugrün.
Ein Regenbogen zeigt sich
über den Baumspitzen.

Huch klettert in den Steinway,
streicht mit Schlegeln über die Saiten,
erzeugt mit Magneten Klänge,
streicht ein Violoncello
mit enzianblauer Farbe an,
kriecht in ein Schutz bietendes Sofa.
Eine Stimme flüstert im Birnbaum.
- Hörst du den Schmetterling
durch die Luft flattern?

Huch malt ein Graffiti,
ein Strichmännchen namens Huch.
Zuerst ziert es den Asphalt, Bordstein,
Mülleimer und die Straßenlaterne,
dann klettert es an der Wand empor.
Ein Schild heißt den Besucher
in der Straße willkommen.
- Hallo, ich bin Johann Sebastian Huch.

Wenn eine Biene kommt

Tannen bewachsen das Tal.
Der Erde entströmt der Duft von Minze.
Im uferlosen Meer der Töne
steigt Huch aus der Höhle
im knorrigen Baumstamm,
verlässt den Weg, schlägt sich durchs Unterholz,
gerät auf eine winzige Lichtung
inmitten eines riesigen Waldes,
geht in ein Kartonhaus
mit schiefen Fenstern, Eingängen
und aufgerissenen Seiten.

Ein Mann sieht ähnlich aus wie Huch,
unterscheidet sich nur
durch die Aufschrift auf dem T-Shirt.
- Ich bin eine Wasserratte,
steht auf seinem Shirt.
Bei Huch ist aufgedruckt.
- Ich bin ein Schmetterling.

Durch die Haut bahnen sich
seidige Flügel einen Weg.
Huch verwandelt sich in einen Schmetterling.
Eine Blüte streckt sich der Biene entgegen.
Die Stadt flüstert ihm zu.
- Es scheint, als würden deine Flügel
Beifall klatschen.

3 Mal heller als gewöhnlich

Puderweiß leuchtet der Strand.
Die Fische schwimmen durch die Luft.
Wie mit Wasserfarben an den Himmel getuscht,
ragt der Berg auf, die Flanken
mit schimmerndem Grün bewachsen.
Das Wasser singt und flüstert,
fließt durch große Kieselsteine zurück.

Ein Katzenchor miaut.
Über den Köpfen schaukelt
die glücklich gurrende Prinzessin, singt.
- Ein leises Lied begleitet das ganze Leben.
Sie schenkt Huch einen Glückskeks.
Darin findet sich der Satz.
- Wenn die Wörter zueinander klingen,
tanzt das Einhorn in der Hand.

Er geht schlendernd und wachen Blicks
durch die Straßen.
In den Ritzen der Fassaden
sucht er verwischte Spuren, lesbare Zeichen,
einen vergessenen Turnschuh
mit Zehen-Sichtfenster auf dem Gehweg.
In einem leinenweißen Karton
liegt ein bekritzelter Zettel.
3 Mal heller als gewöhnlich
leuchten die Wörter.

Der Regenbogen löst sich in Luft auf

Ein Fels reckt sich in der Bucht
aus dem glasklaren Wasser.
Im Wind zittert ein Bläuling.
Die Wellen laufen im Sand aus.
Der See schimmert in Tönen
zwischen Admiral- und Kristallblau.

Wie Monsterwellen rollen
Schwärme aus Buchstaben auf Huch zu.
Er fragt 2 Bienen.
- Wisst ihr, ob ihr zu zweit seid?
- Ja, sagen sie, wir sind zählbar.
- Wie viele wärt ihr, wenn eine dazu kommt?
- Unglaublich vielfältig, sagen sie.
Eine Fledermaus fliegt aus dem Gitarrenkoffer,
hört, wie die Erde sich dreht.
Huch öffnet einen Briefumschlag.
Er enthält eine Sprechblase.
- Hallo, ich, die Leseratte,
bin in dein Gedicht getaucht.

Ein großes Plakat meldet.
- Du kommst auf welchen Umwegen auch immer
ins Regenbogenland.
Über den Himmel spannt sich
ein doppelter Regenbogen,
löst sich in Luft auf.

Die nachtschwarze Gießkanne

Unter sattblauem Himmel schlängelt sich
der Fluss durchs Wipfeldickicht.
Bei der Kiesbank rücken die Felsen
enger zusammen.
Die Brücke aus Feldsteinen
spiegelt den Halbbogen.
Weißbläulich schimmert der Turm.
Ein Baum rauscht.

Huch findet einen winzigen Zettel
mit der Frage.
- Suchst du Moos im hohen Gras?
Er malt einen Papagei
auf meterlanges Papier,
bringt ihm das Sprechen bei,
sammelt Lebensmittelpackungen,
Konservendeckel und Tickets,
klebt sie in sein Bild der Stadt.

Eine Telefonzelle fährt vor.
Der Hörer hängt heraus.
Eine Stimme sagt.
- Genau an dieser Stelle sprießt
ein Löwenzahn aus dem Asphalt.
Huch bückt sich, sieht den Riss,
die Spitze eines Blatts
neben der nachtschwarzen Gießkanne.

Zerknülltes Papier

Am äußersten Ende der Landzunge
trennt eine Reihe Bäume
die Weite des Sees vom Himmel.
Die Wurzeln greifen ins Wasser.
Die Äste wuchern weit übers Ufer,
umschlingen sich.
Ein karger, struppiger Fels
zeichnet seinen Schatten auf den Strand.
Huch schreibt Worte in den Sand,
sieht zu, wie die Welle sie schluckt.
Vogelstimmen durchflirren die Stille.

Er bemalt eine Hauswand
mit überdimensionalen Blumen,
die Blätter so groß wie Tennisschläger.
Rumpelstilzchen schaut zu, fragt.
- Soll ich mich in Stücke reißen?
- Nein, sagt Huch, erhole dich
lieber beim Tennis.
Ein Schild erinnert daran.
- Hier bitte nicht mit Worten jonglieren.

Zwischen einer Wiese und einem Waldstück
findet Huch ein zerknülltes Papier,
faltet das Knäuel auseinander,
entdeckt eine Landschaft aus Knittern,
Kräuseln und Falten.

Pinocchios Grille

Schatten ranken über den Weg.
Ein Fleckenteppich aus Feldern
übersät den Hang.
Am Sandstrand des Sees ragt
ein großer zerklüfteter Fels aus dem Wasser.
Der verschlungene Pfad führt
an Föhren, Birken und Eichen vorbei
tiefer in den Wald.

Ein kleegrüner Kugelfisch rollt durch die Wipfel,
kitzelt Bilder aus den Wolken.
Huch sieht ein leerstehendes Haus.
Die Kinderrutsche lehnt kopfüber
an die Fassade.
Huch schreibt den Satz an die Wand.
- Alle Erfinder wurden am Anfang ausgelacht.

Mit klirrendem Ton birst der Spiegel
in feine Risse.
Das Eichhörnchen knackt eine goldene Nuss,
wirft farbgetränkte Pinsel auf die Leinwand.
Huch verwandelt sich in einen Storch.
Eine Familienaufstellung von Wassergläsern
liegt und steht
auf der Fensterbank.
Pinocchios Grille sagt.
- Lege einen Tag der Entschleunigung ein.

Ultramarin und Rosmarin

Bergab durch ein Wäldchen
zweigt plötzlich ein Weg ab
zu Mohn und Kirschbäumen.
Der Wind rauscht in den Wipfeln.
Zwischen den Blüten summen Bienen.
Am Rand des Pfads wächst ein knorriger Busch.
Von den Zweigen flattern Schmetterlinge.
Eine Wiese voller Salbei schimmert
unter dem funkelblauen Himmel.

Eine Katze huscht vorüber.
Huch lässt einen quarzweißen Würfel
über eine Felsplatte rollen
und würfelt Weiß.
malt mit einem groben,
plastisch wirkenden Pinselstrich,
mit Klecksen und wilden Farbschlieren.

Eine Frau im rosa Paillettenkleid
gewinnt einen Mantel aus der Bettdecke.
In eine Weste verwandelt sie ein Ballkleid,
macht aus Socken einen Pullover,
näht Halstücher zum Rock zusammen.
- Würde dir auch Ultramarin gefallen?
- Gewiss, erwidert er.
- Und welcher ist dein Lieblingsstrauch?
- Rosmarin, sagt Huch.